MÉLINGUE

EN COURS DE PUBLICATION

CHEZ LE MÊME LIBRAIRE

MÉMOIRES DE NINON DE LENCLOS

PAR EUGÈNE DE MIRECOURT

60 livraisons à 25 centimes, avec gravures.
18 fr. l'ouvrage complet par la poste.

OUVRAGE TERMINÉ

CONFESSIONS DE MARION-DELORME

PAR EUGÈNE DE MIRECOURT

60 livraisons à 25 centimes, avec gravures.
18 fr. l'ouvrage complet par la poste.

PARIS. — IMP. SIMON-RAÇON ET COMP., RUE D'ERFURTH, 1.

MÉLINGUE

Publié par G. HAVARD

LES CONTEMPORAINS

MÉLINGUE

PAR

EUGÈNE DE MIRECOURT

PARIS
GUSTAVE HAVARD, ÉDITEUR
15, RUE GUÉNÉGAUD, 15
1856

L'auteur et l'éditeur se réservent le droit de traduction
et de reproduction à l'étranger.

CHRONIQUE DES CONTEMPORAINS

Nous avons l'honneur d'adresser à M. le procureur impérial quelques observations respectueuses.

Toutes les personnes qui ont lu la biographie de Gustave Planche ne s'expliquent en aucune sorte la saisie du livre. L'auteur des *Contemporains* signe son œuvre; il est là, prêt à répondre au tribunal devant lequel on le somme de comparoir : donc il est parfaitement inutile de compromettre les intérêts d'un libraire, surtout quand la partie civile n'offre aucune garantie sérieuse, au point de vue des dommages-intérêts dont elle peut être passible.

Il ne s'agit point ici de réprimer un délit de presse. M. Gustave Planche n'est pas un palladium ; il est encore moins une arche sainte. L'illustre critique attaque assez de monde pour qu'on lui laisse une fois le soin de se défendre, et chacun trouve qu'il a mauvaise grâce à réclamer contre nous les rigueurs judiciaires.

Quoi qu'il arrive, il est bon d'apprendre au parquet sous quelle influence occulte agit notre accusateur.

Nos ennemis les plus acharnés, en ce moment, sont messieurs les orléanistes, dont nous avons blessé l'orgueil et les souvenirs. Derrière M. Gustave Planche manœuvrent sourdement la *Revue des Deux Mondes*, les *Débats*[1] et l'*Académie*, flanqués de la horde des anciens partisans du Système. Nous leur avons arraché le masque avec trop de hardiesse, ils veulent nous en punir.

Cela est positif; crions-le bien haut, afin que chacun le sache.

Et vous espérez nous réduire au silence, pauvres vieux corrompus que vous êtes? Allons donc! En supposant que vous

---

[1] Le jour même de la saisie, l'honorable feuille de la rue des Prêtres s'est empressée de l'annoncer à ses lecteurs.

arriviez, d'intrigue en intrigue, à tuer la publication des *Contemporains*, vous nous verriez ressusciter sous toutes les formes pour soutenir que vous avez été un règne indigne et déshonorant pour la France. Cachez-vous et rentrez sous terre !

Passons à d'autres ennemis.

Nos lecteurs n'ont pas oublié qu'une anecdote sans importance [1], puisqu'elle ne touche ni à un point d'histoire ni à un trait de caractère, fut attribuée par nous à l'auteur des *Pamphlets politiques*, lorsqu'elle revenait de droit à Lacretelle.

Au moment où la maladie nous faisait tomber la plume des mains, un journaliste nous apporta cette note, et nous

---

[1] Biographie de Viennet, page 62.

n'avons pu la contrôler que beaucoup trop tard. Cela démontre victorieusement que, pour une œuvre comme la nôtre, on ne doit, sous aucun prétexte, ni tomber malade ni croire aux journalistes.

Voilà qui est dit, nous n'y ferons plus.

Mais ce n'est pas une raison pour que M. Maxime Ducamp, dans la *Revue de Paris*, vienne mettre en doute notre véracité habituelle. Il nous permettra d'être d'un avis absolument contraire au sien, lorsqu'il ose imprimer que le démenti de MM. Vacherot, Barni et Despois a seul de la valeur.

« Tout mauvais cas est niable, » dit le proverbe.

Donc la négation de ces messieurs, relativement à des faits qui les concernent, ne vaudra jamais l'affirmation d'un historien complétement désintéressé. N'en déplaise à M. Maxime Ducamp, cela tombe sous le sens le plus vulgaire.

A présent il est bon de dire pourquoi la *Revue de Paris* ne manque pas une occasion d'attaque et déploie contre nous le plus méchant vouloir.

Jadis nous étions parfaitement noté sur le calepin de ses aimables rédacteurs, témoin les deux lettres qui vont suivre.

« REVUE DE PARIS. — *Rédaction.*

« Vendredi 7 octobre 1853.

« Monsieur et cher confrère,

« Je meurs d'envie de mettre votre obligeance en réquisition pour demain. J'ai de la famille, des beaux-frères et des belles-sœurs à conduire au spectacle, et, si vous pouviez m'avoir une loge pour un théâtre quelconque (excepté les Français), vous me rendriez un véritable et aimable service.

« Répondez-moi, s'il vous plaît, par un mot demain matin.

« Quand vous viendrez me voir, je vous transmettrai les compliments de madame Ulbach, qui s'amuse beaucoup des *Mémoires de Marion Delorme.*

« Tout à vous,

« Louis ULBACH. »

Quatre mois après, les relations deviennent plus directes et plus amicales. Voici qui le prouve.

« REVUE DE PARIS. — *Rédaction.*

« Paris, 11 février 1854.

« Mon cher ami,

« J'ai lu votre nouvelle, intitulée *Mademoiselle de Ventimille*. Je l'accepte très-volontiers pour la *Revue de Paris*. Vous pouvez donc compter que, d'ici à deux mois, je la publierai. Je crois à première vue qu'elle comporte quatre à cinq feuilles.

« Je vous serre la main.

« Votre dévoué.

« Louis ULBACH. »

Mais, — ô crime impardonnable !— sur les entrefaites paraît la biographie de Lamennais.

Jusque-là, comme on a pu le voir, en abordant la *Revue* nous marchions sur un tapis de fleurs. Mais voilà que notre pied rencontre la queue du serpent démocratique. Le monstre s'éveille et nous menace de ses morsures.

Qu'en dites-vous?

Nos républicains (ils le sont tous dans ce nid dangereux, et nous l'avons su tardivement) jurent, tempêtent, blasphèment. Ils protestent que *Mademoiselle de Ventimille* ne sera point insérée.

Cruelle punition!

Par malheur, l'œuvre est payée d'avance. M. Louis Ulbach, rédacteur en chef, devient responsable d'une somme de quatre cents francs si la nouvelle reste en portefeuille [1]; et voilà l'histoire de sa haine.

[1] Il est bon de noter ici que, le jour où il nous

Un article d'*éreintement* complet, publié par l'honnête recueil, commence la guerre.

Puis une notice biographique *anonyme*, dont M. Louis Ulbach a corrigé les épreuves, se vend bientôt chez l'éditeur Taride et nous verse l'outrage à pleins bords [1].

Merci, messieurs, merci ! Le public vous jugera.

Ces explications une fois données nous dispensent à l'avenir de répondre à vos injures. Dignes émules de la *Gazette de*

---

plaira, et en vertu de la lettre formelle de réception qu'on vient de lire, nous contraindrons la *Revue de Paris* à insérer notre prose.

[1] Ces nobles ennemis ont en outre à leur disposition le *Chroniqueur*, feuille courageuse où leurs attaques deviennent de plus en plus *anonymes*.

Paris et du juif Dollingen, unissez-vous à tous les pleutres littéraires, à tous les envieux, à tous les ingrats et à tous les lâches, qui, des plus infimes régions de la presse, nous décochent leurs traits empoisonnés.

Nous ne sommes pas même vulnérable au talon ; comment voulez-vous nous atteindre ?

EUGÈNE DE MIRECOURT.

MÉLINGUE

A Caen, dans une ancienne maison de la rue des Carmes, naissait, en 1808, un enfant qui reçut au baptême les noms d'Étienne-Marin.

Son père, Jean Mélingue, était un vieux soldat de la République.

Volontaire en 1792, il se retira du service en 1806, et sollicita son admission dans le corps des douaniers [1].

Le blocus continental commençait alors, et devait durer jusqu'à la chute du colosse napoléonien.

Nos côtes présentaient un curieux spectacle.

Quarante mille hommes, chargés de les défendre contre les audacieuses attaques de la contrebande anglaise, composaient une véritable armée, infanterie, cavalerie, artillerie, marine, le tout possédant au grand complet son attirail de guerre, ses forts et ses canons. Pour

---

[1] Caen est à six kilomètres de la mer. Une promenade d'une lieue et demie, à l'aller comme au retour, n'effrayait pas le père de Mélingue. Il continua d'habiter la ville.

protéger l'industrie nationale il fallait brûler assez bon nombre de cartouches.

Cependant la douane, fille du grand empereur, n'avait pas à se louer de sa munificence.

Obligé de passer au moins quinze nuits par mois, souvent davantage, avec la perspective de recevoir tantôt une balle dans la tête et tantôt une volée de coups de bâton sur les épaules, Jean Mélingue touchait pour cela quotidiennement une somme de *un franc trente-huit centimes*.

Il faut dire qu'il avait droit, après trente années de service et comme retraite, à la moitié de la susdite somme, c'est-à-dire à *soixante-neuf centimes* par jour, s'il ne s'était pas rompu les côtes en roulant du haut en bas d'une falaise, ou s'il n'avait pas été révoqué pour s'être endormi à son poste.

A force d'économies et de privations de tout genre, il parvint à nourrir avec ce budget modeste lui, sa femme, et deux garçons que leur envoya la Providence.

Dame! le luxe n'habitait pas au logis, la chère n'y était point exquise; mais au coin du pauvre foyer le travail, la résignation, le calme et le bonheur domestique se donnaient la main.

Cela dura jusqu'au jour où le vétéran de l'armée républicaine perdit la mère de ses enfants.

Il s'inclina devant l'arrêt du ciel, et, la fosse recouverte, il regagna sa baraque de la falaise.

A dater de ce jour, le sourire n'éclaira plus sa moustache grise.

Le moment était venu de songer à l'éducation de ses deux fils, Étienne et Adolphe. Comment pourra-t-il remplir son devoir de père et les fonctions de sa charge?

Deux vieilles filles, qui tenaient une école dans le voisinage, lui vinrent en aide. Les jours où le douanier se trouvait de service, elles recueillaient les enfants et leur prodiguaient des soins maternels. Plusieurs années se passèrent de la sorte.

Étienne et Adolphe grandirent. Souvent ils allaient ensemble, le soir, à la rencontre de leur père. Ils pressaient le pas avec épouvante lorsqu'ils passaient devant la tour des *Écorcheux*, sombre bâtiment à demi ruiné, où l'École de médecine [1] avait établi ses salles de dissection.

La chronique superstitieuse attachait à ce lieu consacré à la science une idée sinistre.

Nos deux enfants couraient à perdre haleine pour ne point voir, au sommet de la tour, la fenêtre éclairée du gardien, qui éclatait dans la nuit comme l'œil d'un monstrueux cyclope.

Un nouveau malheur ne tarda pas à fondre sur l'humble famille.

Adolphe, attaqué de la fièvre typhoïde,

---

[1] Caen possède, non pas une faculté, comme Paris ou Montpellier, mais une école secondaire, qui ne donne pas le brevet de docteur, et où l'on ne passe que les examens de première année.

fut, en moins de deux jours, aux portes de
la mort. Le pauvre enfant répétait sans
cesse dans son délire :

— Père, ô père ! ne me laissez pas
prendre par les *écorcheux !*

Et le douanier de répondre, en essuyant
une larme :

— Ne crains rien, petiot ; je leur cou-
perai la tête avec mon sabre.

Le frère d'Étienne succomba.

Croyant peut-être lui-même au bruit
populaire qui accusait les carabins de vio-
lation de sépulture, et craignant qu'on ne
déterrât son cher défunt, Mélingue père
remplit l'office de fossoyeur et plaça le
cadavre entre deux couches de chaux-
vive.

Puis la vie ordinaire reprit son cours,

aussi uniforme et un peu plus triste que
par le passé.

Étienne Mélingue pleura longtemps le
compagnon de ses jeux d'enfance.

Il ne s'habituait pas à dormir seul dans
le grand lit à rideaux de serge où ils
couchaient ensemble tous les soirs.

Mais, à cet âge, le chagrin n'est pas
éternel.

Envoyé par son père à l'école gratuite
de peinture et de sculpture, notre héros
y trouva d'autres compagnons de jeux, qui
étaient de première force aux billes et à
saute-mouton.

Puis vinrent les triomphes de fin
d'année.

Le jeune élève obtint le grand prix de
sculpture dans la classe de M. Odelli, ré-

fugié politique, né, dans la patrie de Michel-Ange.

Heureux des succès de son fils, le vieux douanier lui donna quelques pièces de monnaie pour aller voir les parades foraines et les spectacles en plein vent, qui ne chôment jamais dans la capitale de la basse Normandie.

A quoi tient la destinée des hommes!

Si Mélingue est devenu l'un de nos plus grands artistes dramatiques, il le doit à ces représentations burlesques, devant lesquelles s'enflammait son imagination d'enfant.

Tous les jours, au sortir de l'école, il s'oubliait trois bons quarts d'heure devant les joyeux tréteaux. A force de voir, d'entendre et de rire, il conçut une ambition singulière.

De spectateur il voulut passer acteur.

Le métier de saltimbanque lui parut tout à la fois amusant, honorable et glorieux. Il ne consulta pas le père Jean sur cette vocation bizarre ; il négligea la sculpture, ne songea plus aux couronnes qu'il avait conquises et à celles qui pouvaient encore ceindre son front, au bruit des applaudissements de la foule et entre deux symphonies de la musique locale.

D'autres bravos le tentaient, d'autres ovations lui semblaient préférables.

Étienne Mélingue offrit ses services à l'impresario de la troupe et les fit agréer sans peine [1]. Celui-ci avait besoin d'un

[1] On raconte que, se glissant un jour sur le théâtre,

garçon de bonne volonté pour tenir l'emploi des Jocrisse et des queue-rouge.

Voilà donc notre héros au comble de ses vœux.

Il reçoit force soufflets de la main de Colombine, improvise force lazzi, et grimace comme un vrai pitre sous la perruque d'étoupes.

après une répétition, le fils du douanier fut surpris par le régisseur, au moment où il admirait la salle et les coulisses. « Que fais-tu là, mon petit bonhomme ? Est-ce que, par hasard, tu voudrais jouer la comédie ? lui demande le régisseur. — Oh! oui, monsieur ! répond l'enfant. — Diable! alors il faut te baptiser comédien. Holà! » crie-t-il en appelant trois ou quatre machinistes. Ceux-ci arrivent. On jette un vieux manteau de velours sur les épaules d'Étienne; on le fait mettre à genoux, et le régisseur lui verse sur la tête un godet plein d'huile, détaché d'un quinquet de la rampe, en disant : — « Tu seras un grand comédien, morbleu! ou j'y perdrai mon nom ! » Le jeune Mélingue prit au sérieux ce singulier baptême, et la prophétie se réalisa.

Un nombreux auditoire se presse à ses débuts.

Chacun se désopile la rate aux propos bouffons du jeune saltimbanque. On s'émerveille de sa mimique folichonne. Bref, il obtient un beau et légitime succès.

Mais tout à coup, — ô épouvante ! — il aperçoit dans la foule un uniforme vert.

Presque en même temps un juron formidable achève de le convaincre que ses débuts dans l'art dramatique sont loin d'être honorés de l'approbation du spectateur qui porte cet uniforme.

— Ah ! drôle ! ah ! bandit ! tu veux me couvrir de honte ! s'écrie le père Jean ; car c'est lui que la mauvaise étoile de son fils amène sur le champ de foire ; et rien ne peut égaler sa stupeur et sa colère.

Ici, triple chenapan! continue-t-il, viens
ici!

Et le pauvre pitre, glacé d'effroi, mais
incapable de désobéir, jette sa perruque
et se laisse rouler, à demi mort, jusqu'au
bas de l'échafaudage.

Un bras nerveux l'empoigne par l'oreille
et le remet sur ses jambes.

Puis l'ancien soldat de la République,
voulant se dérober à l'humiliation que lui
cause cet esclandre, sort de la foule, en-
traînant sa malheureuse progéniture, et
la ramenant au logis sans prononcer une
parole.

Ce silence donnait à Étienne de vives
inquiétudes.

Il eût préféré que la colère paternelle
s'exhalât en imprécations, et il se doutait

qu'on allait lui administrer à huis clos la plus vigoureuse volée qui eût jamais affligé les reins d'un fils coupable.

Ses prévisions se réalisèrent de la façon la plus complète.

Le vieux douanier n'y alla pas de main morte. Il tenait à graver dans la mémoire d'Étienne le souvenir du châtiment. L'exécution cessa lorsqu'il eut le bras fatigué; puis notre jeune martyr de l'art dramatique s'en alla coucher à jeun et moulu.

Voilà comment Étienne-Marin Mélingue, en la quinzième année de son âge, fut initié aux grandeurs et aux déboires du théâtre.

Or c'était un garçon rempli d'intelligence.

Il comprit qu'il devait soigneusement

cacher à l'avenir ses velléités scéniques à ce père excellent, mais rude, qui, sous aucun prétexte, ne voulait démordre de ses préjugés.

Donc il enveloppa sa vocation d'un voile d'hypocrisie, et cela d'une manière si adroite, qu'on le crut pendant six mois exclusivement occupé de sculpture, tandis qu'il était en instance pour se faire admettre dans la troupe de Franconi.

C'était monter en grade, au moins sous le rapport du costume.

Paillasse, avec son habit de toile à matelas, n'approche point de l'élégance d'un écuyer.

Toutes les nuits Étienne rêvait du pantalon collant et du frac de velours orné de paillettes. Il ne voyait rien au-dessus de la profession de *clown*. Crever triomphalement le papier d'un cerceau pour retomber en selle sur un cheval lancé au triple galop lui semblait le *nec plus ultra* de la félicité humaine.

Sa bonne mine et sa taille svelte plaidaient en sa faveur.

Il fut accueilli d'emblée par l'administration du Cirque, et l'on donna des ordres pour qu'il reçût immédiatement tous les principes de l'art équestre.

Mais cette magnifique éducation ne s'acheva pas.

A sa quatrième leçon de manége, ayant mal calculé son élan, Mélingue alla rouler à dix pas de la selle et s'endommagea une côte.

On le releva tout à fait guéri de sa passion pour la gloire hippique.

Ces infructueuses tentatives sur l'âpre terrain des choses interdites le décidèrent à ne plus s'occuper que de la sculpture, pour laquelle il annonçait vraiment d'admirables dispositions.

Un jour, — ce fut une époque mémorable de son existence, — il vit entrer au logis paternel M. Lair, conseiller de préfecture.

—Vous vous appelez Étienne Mélingue, lui dit ce personnage, et vous êtes un des meilleurs élèves de M. Odelli. Montrez-moi quelques-unes de vos ébauches.

Étienne s'empressa d'obéir.

— On ne m'avait pas trompé, dit M. Lair;

Mais il faut quitter la province, jeune homme, et remonter jusqu'aux sources de l'art. Vous ne les trouverez qu'à Paris. Je vous achète vos ébauches ; voilà trente écus pour vos frais de route.

La parole du conseiller avait du poids.

Jean Mélingue donne son consentement au voyage, et notre héros ne lui laisse pas le temps de changer d'idée.

Moins de vingt-quatre heures après, muni d'une lettre de M. Odelli pour un artiste [1] chargé des sculptures de la Madeleine, il monte en diligence avec cinquante-trois francs dans sa poche.

On arrive. La vue de Paris jette Étienne dans une sorte de délire. Il laisse sa malle

---

[1] M. Bochard.

aux Messageries, court les rues, franchit
les boulevards, s'émerveille à chaque pas,
oublie complétement de dîner; suit la foule
qui entre au théâtre de la Porte-Saint-
Martin, et en sort à minuit presque fou
d'enthousiasme et ne sachant pas où il
irait coucher.

Le lendemain, sur sa lettre et sur l'é-
chantillon de son savoir-faire, il est favo-
rablement accueilli par le sculpteur de la
Madeleine.

Au nombre des élèves de ce maître, il
retrouve plusieurs amis bas-normands,
qui l'engagent à venir habiter avec eux.

Ils demeuraient dans une maison garnie
très-simple, à la portée de la bourse
d'Étienne. Les chambres, suffisamment
propres, ne coûtaient que douze francs

par mois, et l'on pouvait y loger à deux.

Ce gîte économique était situé Petite-Rue Saint-Jean, au coin du faubourg Saint-Martin.

L'hôtesse, madame Carré, bonne pâte de femme s'il en fut, recevait de ses locataires le nom d'*Ogresse*, par antiphrase.

Or, dans la Petite-rue Saint-Jean, le dieu Hasard ne tarda pas à faire de ses tours: Mélingue tomba sur un camarade de chambre, appelé Hippolyte, qui se destinait au métier de comédien.

Celui là aussi est devenu célèbre, et le nom de Tisserant n'est pas un des noms les moins chers au public.

Les deux jeunes gens sympathisaient

de goûts et de caractères. Une étroite
amitié les unit.

Tout aussitôt la fibre dramatique se réveille dans le cœur d'Étienne.

On dépense à aller voir jouer Frédérick-Lemaître le reste des trente écus donnés par le conseiller de préfecture, puis Hippolyte fait débuter son ami sur le théâtre bourgeois de la rue Lesdiguières.

Bientôt ils signent l'un et l'autre un engagement pour la province.

Jugez de leur allégresse! Ils appartiennent à la troupe du père Dumanoir, et le père Dumanoir leur annonce avec emphase que son but est d'exploiter les villes et bourgades de la Flandre française.

Nos jeunes acteurs n'avaient point d'honoraires fixés,

La constitution de l'entreprise était toute socialiste, bien que le mot fût encore inconnu. Tous frais couverts, l'excédant des recettes devait être partagé entre le père Dumanoir et sa troupe. Malheureusement celui-ci prenait trois parts, et l'un des associés s'en attribuait cinq, sous le fallacieux prétexte qu'il fournissait de costumes toute la compagnie.

On appelait ce gros mangeur Ferdinand le Cosaque.

Étienne avait des instincts de justice fort développés. Il prit en haine le fournisseur de costumes, et, comme les antipathies ne manquent jamais d'être réciproques, Ferdinand le paya bientôt de retour.

Leurs rapports étaient trop désagréables
pour durer longtemps.

Après un *fiasco* de premier ordre
éprouvé par nos comédiens à leurs débuts à Valenciennes, *fiasco* qui eut pour
cortége la détresse et un redoublement de
discorde, Mélingue prit congé du père
Dumanoir et passa dans la troupe rivale
de prestidigitation et de voltige, qui charmait bien autrement les bourgeois de la
ville.

Était-ce déchoir? notre héros ne le
pensait pas.

D'ailleurs, M. Bertrand, dit Zozo du
Nord, l'heureux chef de ces autres bohèmes, lui faisait des conditions superbes : il lui *promettait* cinquante francs
par mois.

En redevenant saltimbanque, Mélingue changea de nom et se fit appeler M. Gustave.

Il s'initia aux mystères de la haute et de la petite banque, se distingua par son agilité, par ses bonnes grâces naturelles, et fit florès sur toute la ligne.

Mais, quand arriva la fin du mois, Zozo du Nord, auquel il réclamait ses honoraires, le pria de repasser plus tard, pour cause d'indisposition de la caisse.

Mélingue, encore sous l'impression de ce refus de payement, reçoit une lettre d'Hippolyte, ainsi conçue :

« Reviens, le Cosaque est parti ! »

A l'instant même, la résolution d'Étienne est prise. Il brûle la politesse à Zozo du Nord et retourne au père Dumanoir.

Celui-ci le presse tendrement contre son cœur.

— Mon enfant, lui dit-il, ces populations abruties ne peuvent nous comprendre, et nous allons passer la frontière. Il est probable que les Belges, peuple éclairé, vont remplir nos escarcelles.

La troupe entière partagea cette espérance et quitta Valenciennes en secouant aux portes de la ville la poudre de ses souliers.

Nos comédiens, arrivant en Belgique, prenaient de véritables allures de conquérants; mais, hélas! cette campagne théâtrale fut aussi désastreuse pour eux que l'avait été celle de 1815 pour le grand empereur.

Dumanoir déclara les Belges atteints

de crétinisme, et dit, un beau jour, à ses administrés :

— Sauve qui peut !

Ce fut une déroute complète. Pour se soustraire à des créanciers impitoyables, toute cette volée d'artistes se rabattit à tire-d'aile sur la terre de France.

Étienne et Hippolyte ne voulurent point se séparer.

Le père Dumanoir ayant pris la fuite avant tous les autres, on ne savait où choisir un point de ralliement, lorsqu'un écrit mystérieux indiqua Lille comme lieu de rendez-vous.

Mélingue et Tisserant se dirigèrent donc vers Lille ; mais dans quel état, grand Dieu !

Par la neige et par un froid de huit

degrés, sans un sou vaillant, ils partirent, affublés chacun d'une vieille polonaise, dont ils attachaient la jupe avec des épingles, pour dissimuler l'absence de culottes et ne pas offenser la pudeur des gendarmes.

Ils avaient quinze ou dix-huit lieues de voyage pédestre, mais ils en firent bien vingt-cinq ou trente pour avoir voulu abréger la route et prendre des chemins de traverse. Les malheureux seraient morts de faim, sans une paysanne charitable qui leur donna quelques bribes de pain noir.

Enfin ils touchent aux portes de Lille.

Mais ces portes sont closes. Un concierge impitoyable refuse de les ouvrir [1].

---

[1] Il fallait pour entrer de nuit dans la ville un permis du commandant de place. Deux fois Mélingue

Nos tristes voyageurs, exténués d'inanition et de fatigue, passent la nuit dans une guérite abandonnée.

Le froid glace leurs membres. Dans la crainte de geler sur place, ils résistent au lourd sommeil qui les gagne. Plus robuste qu'Hippolyte, Étienne s'efforce de lui remonter le moral en se moquant de la fortune adverse.

réussit à franchir le guichet en profitant du passage des diligences, et deux fois il retourna vers son compagnon de route, qui, n'ayant pas eu le même bonheur ou la même agilité, avait été repoussé dehors par le cerbère. En décembre dernier, à la fin d'une représentation au bénéfice de Tisserant, celui-ci sortait du théâtre, avec Étienne et quelques amis. Il faisait une bise glaciale, et la neige tombait à flocons serrés. « Vous voyez cet homme-là? dit Hippolyte en frappant sur l'épaule de Mélingue; eh bien, il y a vingt ans, par une nuit semblable, aux portes de Lille, je serais mort sans lui de froid et de désespoir! »

A six heures du matin, les portes s'ouvrent.

Ils se traînent péniblement chez un modeste traiteur, où deux tasses de café, jointes à deux verres d'eau-de-vie et à la tiède température d'un poêle, les raniment, et rétablissent la circulation du sang.

Mais il faut payer l'écot.

Tisserant laisse Mélingue en gage, et sort pour aller vendre une paire de bas à trousse [1], dont le prix devait solder la consommation. Bientôt il rentre avec une pièce de quarante sous. Il avait fait un marché d'or.

Pour comble de chance, il vient d'ap-

---

[1] Espèce de maillots, dont on se sert pour jouer les rôles moyen âge.

prendre que la troupe du père Dumanoir est réunie, depuis la veille, à l'hôtel du *Singe couronné*, et doit partir, le jour même, afin d'aller donner quelques représentations à Armentières [1].

Sans plus de retard, Oreste et Pylade rejoignent leurs camarades.

Ils les trouvent dans un état de pénurie aussi complet que le leur. Néanmoins on part, on arrive à Armentières; mais, hélas! point d'argent pour faire annoncer la représentation!

Le tambour de la garde nationale veut être payé d'avance, et, dans quinze bourses réunies, on n'a pu rassembler vingt sous qu'exige ce fonctionnaire.

[1] Petite ville, située à treize kilomètres de Lille.

— Eh bien, je les avance à la communauté ! s'écrie le généreux Mélingue en montrant une pièce qui lui reste de la vente des bas à trousse. Faisons le tour de la ville, tous ensemble et tambour en tête, à l'instar de Zozo du Nord. C'est une publicité qui ne coûte rien.

Aussitôt fait que dit.

Le cortège traversa la ville, s'arrêtant à l'angle des carrefours et annonçant le spectacle du soir.

On joua une pièce militaire avec des costumes prêtés par de complaisants gardes nationaux, amateurs de spectacles gratis.

Tout alla bien pendant quelques jours ; mais, soit que le public trouvât le répertoire peu varié, soit que le carême empêchât le théâtre de se garnir, les recettes baissèrent, baissèrent encore, et la famine revint avec sa face pâle.

— Hippolyte, adieu, dit Mélingue. Ce serait folie que de vouloir continuer cette lutte avec la misère. Je m'en retourne à Caen.

— Bon! Comment feras-tu le voyage? tu n'as pas un centime en poche.

— Cela ne m'embarrasse guère. Je vivrai le long du chemin en pêchant des grenouilles, et je les ferai cuire dans la marmite des bons villageois, que je divertirai en leur chantant des complaintes. Es-tu décidé à me suivre?

— Ma foi, non.

— Bonne chance alors, et au revoir, quand Dieu le voudra!

Notre artiste se met en route. Cinq jours après il arrive à la barrière de la Villette.

Le délabrement de son costume l'empêche d'entrer dans Paris avant la nuit tombante. Il se propose d'aller frapper à la porte de madame Carré, son ancienne *ogresse* de la Petite-Rue Saint-Jean. La bonne femme, à coup sûr, ne lui refusera point asile, et, chez elle, il retrouvera sans doute quelque camarade.

— Donc il se met en devoir de gagner son ancienne résidence. Il arrive, regarde, cherche la maison. Plus de maison !

Elle était démolie.

Par bonheur les caves subsistaient encore. Mélingue y pénètre, trouve de la paille, se couche et s'endort du sommeil fiévreux d'un homme qui a l'estomac vide et cinquante-sept lieues dans les jambes.

Un ami, qu'il rencontre le lendemain, lui prête trente sous.

Avec cette faible somme il se décide à regagner sa ville natale, comptant beaucoup plus sur la Providence que sur ses propres forces.

Le premier jour il accomplit la moitié du trajet. Mais ses finances sont à sec. Le pauvre garçon passe la nuit dans une cariole de blanchisseur et se dit au réveil :

— Il faut arriver ce soir, ou mourir !

Aussitôt il reprend sa course, et fait vingt-quatre lieues tout d'une traite, sans boire ni manger.

Ceci paraîtra fabuleux, mais ce n'en est pas moins de l'histoire.

Les yeux d'Étienne s'injectaient de sang ; son artère battait à rompre le réseau de ses tempes. Néanmoins il marchait, il marchait toujours. Obéissant à une volonté surhumaine, ses muscles semblaient être devenus d'acier.

Bref, il arrive à Caen. Le voilà devant la maison de son père.

On lui annonce que celui-ci est déménagé. Son nouveau domicile n'est pas très-loin ; mais Étienne parcourt plus difficilement cette faible distance que l'effroyable route qu'il a dévorée en quinze heures de marche. Enfin il arrive, appelle son père d'un cri désespéré, et tombe sans connaissance.

Le vieillard accourt, le prend dans ses bras, le porte sur un lit, puis s'agenouille accablé, murmurant au milieu d'un sanglot :

— Mon pauvre garçon ! mon pauvre garçon !

Pendant huit jours le jeune homme fut agité par une fièvre ardente. Le père Jean n'eut pas un mot de reproches. Son fils lui revenait malheureux, tout était pardonné :

Il acheta des livres à Étienne pour l'aider à tromper les ennuis de la convalescence, et, quand notre héros fut bien portant :

— Tu ne te plairas plus chez nous, lui dit-il. Retourne à Paris. L'expérience a dû te rendre sage, et tu renonceras, j'imagine, à te faire acteur. Il faut reprendre la sculpture. C'est un bel état, qui du moins nourrit son homme.

— Oui, père, répondit Étienne avec l'apparence d'une profonde conviction.

Deux jours après, il regagnait Paris, juché sur la banquette des Messageries royales.

Sa première visite fut pour mademoiselle Duchesnois. On lui avait parlé à Caen de la célèbre tragédienne comme d'une fée protectrice et bienveillante.

Effectivement mademoiselle Duchesnois lui fit excellent accueil.

Après l'avoir entendu déclamer quelques morceaux de Racine, elle lui donna pour Alexandre Soumet une lettre de recommandation très-pressante.

L'accueil du poëte ne fut pas moins aimable que celui de la vieille Hermione [1]. Déjà Mélingue voyait s'ouvrir pour lui les coulisses de l'Odéon, théâtre où l'auteur de *Clytemnestre* faisait alors la pluie et le soleil. Mais, ô désenchantement! ce fut aux frères Séveste, directeurs des théâtres de la banlieue, qu'il adressa le jeune artiste.

Mélingue accepta l'engagement que lui offrirent ces maquignons dramatiques.

Il joua d'abord sur la scène de Montparnasse; puis il fut attaché à résidence fixe au théâtre de Belleville.

On lui donnait bien réellement, pour lors, cinquante francs d'honoraires men-

---

[1] Mademoiselle Duchesnois avait alors près de soixante ans.

suels, à charge toutefois de se fournir de costumes de ville, et, comme on en peut juger, la position n'était pas brillante.

A son arrivée dans les coulisses du théâtre de Belleville, Mélingue jeta un cri de surprise joyeuse à l'aspect de son ami Tisserant, qui jouait là les jeunes premiers, aux mêmes conditions pécuniaires.

Voilà nos amis dans la joie; ils s'embrassent et se racontent leurs aventures.

Un jour viendra peut-être où nous dirons celles d'Hippolyte.

En attendant, nous devons annoncer au lecteur que la Renommée aux cent bouches avait commis l'indiscrétion de porter jusqu'au chef-lieu du Calvados la nouvelle de l'engagement de Mélingue.

Le vieux douanier fut au désespoir

lorsqu'il apprit que son fils était remonté sur les planches au lieu de reprendre la sculpture.

Il choisit pour confident de ses peines un pédagogue appelé Bertrand, qui lui offrit sa main pour écrire au coupable des lettres foudroyantes.

Pauvre villageois arraché à la charrue par la Révolution, le père Jean ne savait pas écrire.

Les susdites lettres commençaient invariablement par ces mots : « *Bouffon du public !* » etc. Il y avait dans le B et dans les FF certaines fioritures qui trahissaient clairement leur origine calligraphique à l'œil sagace du destinataire.

Mélingue souffrait de chagriner ainsi ce

pauvre vieillard; mais le démon du théâtre était le plus fort.

Au bout de trois mois d'une existence presque supportable, en la comparant au passé, notre artiste vit enfin les journaux de théâtre s'occuper de lui et vanter les qualités précieuses qu'il tenait de la nature et de l'étude.

Un discret personnage le prit un soir à l'écart, dans un entr'acte, et lui offrit pour les Antilles un engagement magnifique. Il s'agissait de cent écus par mois.

La somme était rondelette. Pour Étienne elle représentait une véritable fortune. Mais comment rompre l'engagement avec les frères Séveste?

— Bah! fit l'agent théâtral, rien de plus simple : soyez malade.

— Je serai malade, c'est convenu! répond Mélingue, entièrement décidé.

Le lendemain, il envoie dire aux frères maquignons que la fièvre l'oblige à garder le lit. Pendant les jours qui suivent, il continue de donner sur sa santé des bulletins de plus en plus alarmants.

On lui signifie qu'un artiste appointé à cinquante francs par mois ne peut décemment être malade plus d'une semaine.

« Si vous n'avez pas repris votre service dans quarante-huit heures, ajoute la missive directoriale, on se verra forcé de pourvoir à votre remplacement. »

Mélingue n'en attendait pas davantage. Il prend au plus vite le chemin du Havre.

Pendant un mois les vents contraires le retiennent dans le port, au milieu de transes perpétuelles. Il s'imagine que les frères Séveste ont découvert sa fugue et envoient toute la gendarmerie de France à ses trousses.

Enfin il s'embarque sur le trois-mâts l'*Industrie*, capitaine Chambon.

Ce navire, au bout de soixante-cinq jours, dépose notre héros sur le quai de la Pointe-à-Pitre. Une tempête qui a chassé le bâtiment dans les parages du Sénégal et un calme plat qui a laissé pendant trois semaines les voiles inactives ont été cause de cette longue traversée.

Le mal de mer s'empara de Mélingue au Havre et ne le quitta qu'aux Antilles.

Nous le voyons débuter à Fort-Royal [1], sous ce même nom de Gustave, qu'il a pris autrefois chez Zozo du Nord; et du premier coup il excite l'enthousiasme de ce peuple créole, si artiste malgré son indolence, ou peut-être à cause de son indolence.

Mélingue jouait la tragédie, le drame, la comédie, le vaudeville, et même l'opéra, au choix de la direction. Il se faisait applaudir dans tous les genres.

Or, si le comédien gagna les sympathies universelles, le négrophile manqua de s'attirer de fâcheuses affaires.

Il lui arriva plusieurs fois d'exprimer trop vivement la commisération qu'il

[1] La même troupe desservait à la fois la Guadeloupe et la Martinique.

ressentait pour les pauvres esclaves. Un avis officieux du gouverneur le prévint de s'abstenir de toute propagande abolitionniste.

Au nombre de ses camarades se trouvait le père Verteuil [1], aussi excellent homme que bon artiste, et qui avait pour l'histoire naturelle une passion désordonnée.

Il possédait une collection d'ophidiens unique au monde.

La troupe retourna donner des représentations à la Guadeloupe et à la Trinidad; puis elle regagna Fort-Royal au mois de septembre 1830, juste au mo-

[1] Grand oncle du secrétaire actuel de la Comédie-Française.

ment où arrivait la nouvelle de la Révolution de juillet.

Toute la colonie fut bouleversée par ce grand événement politique. Une classe surtout, la classe des mulâtres, le saluait avec transport.

Ils se réunirent tumultueusement, et revendiquèrent, comme citoyens, celui des droits de l'égalité qui avait le plus de prix à leurs yeux, le droit d'être confondus au théâtre avec les blancs.

Le gouverneur leur accorda pleine et entière satisfaction ; mais il donna, le soir même, l'ordre de fermer la salle.

Devant ces procédés d'autocrate, les comédiens de la Martinique durent se disperser.

Mélingue se fit peintre en miniatures.

Son début dans cette nouvelle carrière fut le portrait d'un jeune homme, qu'un duel héroïque avait rendu fameux dans l'île. Chacun trouva la ressemblance si merveilleuse et si parfaite, que l'auteur du portrait se vit à l'instant même accablé de commandes. Il gagna vingt mille francs en cinq mois.

Voyant la fortune lui prodiguer ses faveurs, il eût hâte d'envoyer de ses nouvelles à son vieux père.

Celui-ci reçut, un jour, une caisse de la Martinique. Son premier mouvement fut de croire qu'elle lui était expédiée par erreur. Il voulut la refuser ; mais l'adresse était exacte, précise, on ne pouvait conserver aucun doute sur la destination.

Du reste, pas l'ombre de port à payer.

Le père Jean fit sauter le couvercle de la caisse : elle contenait une cinquantaine de bouteilles de rhum et de tafia, soigneusement emballées, et quelques numéros de journal.

Espérant trouver le mot du colis énigmatique, le vieillard lut avec curiosité ces feuilles américaines. Dans chacune d'elles revenait à tout propos l'éloge d'un nommé Gustave, artiste dramatique, peintre, etc.

— Voilà qui est singulier, se dit le père Jean, je ne connais pourtant point de Gustave!

Enfin, tout au fond de la caisse, il

trouve une riche tabatière, et, dans cette tabatière, une lettre d'Étienne qui explique tout.

— A la bonne heure! murmure le brave homme en essuyant une larme, le voilà peintre : j'aime mieux cela!

Sur les entrefaites, que devient M. Gustave aux Antilles?

M. Gustave, incorrigible, se laisse tenter par un courtier dramatique, signe un engagement pour le théâtre de Rouen, et regagne la France, malgré le mal de mer et en dépit de la fortune, qui lui prodiguait à la Martinique ses plus douces caresses.

La traversée, cette fois, est beaucoup moins longue.

Cinq semaines après, il débute avec succès à Rouen, dans l'emploi des troisièmes basses-tailles.

Son père reçoit une lettre qui l'exhorte à solliciter un congé de huit jours et à venir embrasser l'enfant prodigue.

Notre ex-soldat républicain croit faire un rêve.

Il prend la voiture, arrive, et tombe de surprise en surprise. A Rouen, le nom de son fils est dans toutes les bouches. On ne parle que des succès d'Étienne au théâtre, et de la statue de Corneille, qu'il a faite en moins de huit jours[1].

[1] Cette statue fut placée sur la scène du Théâtre-des-Arts, et couronnée à l'anniversaire de la naissance du poëte.

Le vieux douanier pleurait et riait tout
à la fois.

Quand son fils, lui donnant le bras et
lui parlant avec une respectueuse défé-
rence, le promenait dans la ville ou le
conduisait au théâtre, il se redressait
comme un homme rajeuni d'un demi-
siècle.

Les huit jours de congé s'écoulèrent; il
fallut reprendre la route du Calvados.

Jean Mélingue, tout à fait réconcilié
avec l'art dramatique, monta en diligence,
après avoir embrassé vingt fois Étienne.
Il agita longtemps son mouchoir à la por-
tière de la voiture qui s'éloignait, et que
le jeune homme regardait au travers de
ses larmes. Un pressentiment disait au

fils qu'il ne reverrait plus son père en ce monde.

Effectivement le vieux douanier mourut à quelques mois de là.

Mélingue trouva sur la table de la chambre paternelle un rouleau de pages écrites, les unes complètes, les autres inachevées. Le vieillard regrettait les injures adressées jadis par le pédagogue à notre comédien débutant. Ne voulant plus recourir à une main étrangère, il apprenait à écrire, afin de ne pas rester un ignorant aux yeux d'Étienne et de pouvoir lui-même correspondre avec lui. Sur l'une de ces pages on lisait en lettres hautes d'un pouce :

« Je suis content de mon fils. Il me

donne beaucoup de joie sur mes vieux jours. »

La dernière pensée du père Jean avait été une bénédiction. Cela porta bonheur à Mélingue.

Peu de mois après, Marie Dorval vint à Rouen.

— Croyez-moi, dit-elle au jeune artiste, ne restez pas davantage en province : on y respire un air mortel au talent. Venez à Paris; je vous présenterai moi-même à Alexandre Dumas.

Le conseil était sage, il fut suivi.

Dumas fut charmant avec Mélingue. Il s'empressa d'écrire deux mots à Harel, en lui demandant pour le porteur de la présente une place à la porte Saint-Martin.

Malheureusement le Napoléon des directeurs était, ce jour-là, d'un abord massacrant. Frédérick venait de lui jouer nous ne savons plus quel tour.

— Impossible ! répondit-il à Mélingue sur un ton bourru : j'ai ma troupe au grand complet.

Notre solliciteur désolé revient chez Dumas, qui lui dit :

— Dame, mon cher, allez voir Merle, il trouvera moyen de vous caser quelque part.

Merle renvoya Mélingue à d'Épagny, et là s'arrêtèrent définitivement les pérégrinations.

D'Épagny et mademoiselle Georges, — cette bonne Georges, — sont les véritables auteurs de la fortune d'Étienne. Voici le stratagème dont ils s'avisèrent l'un et l'autre pour forcer la main à Harel, esprit pointu qui repoussait très-souvent par simple amour de la contradiction tout ce qu'on lui proposait d'avantageux pour son théâtre.

D'Épagny faisait alors jouer son drame des *Malcontents*, et Mélingue devait dessiner le portrait de Georges en tête de la pièce imprimée, ce qui autorisait l'auteur à le conduire avec lui dans les coulisses.

Un jour, Harel dit à d'Épagny :

— Quel est donc ce jeune homme qui vous accompagne ?

— C'est un peintre de ma connaissance.

— Un beau garçon !

— Oui, n'est-ce pas ? S'il était comédien, quel fier amoureux ça ferait!

— Sans doute; mais il n'est pas comédien, répond Harel avec distraction.

Dix minutes après, Georges, sur le point d'entrer en scène, frappe sur l'épaule du directeur.

— A propos, dit-elle, connaissez-vous ce beau brun, que je vois là-bas, depuis cinq ou six jours, drapé dans son manteau? Une tête superbe! On dirait d'une statue grecque.

— C'est un ami de d'Épagny, un peintre.

— Ah! je le croyais comédien. Quel dommage!

— Ma foi, chère belle, j'en disais autant que vous tout à l'heure.

Le stratagème allait au mieux, et l'esprit du terrible despote était préparé. Georges et d'Épagny n'attendaient plus qu'une occasion pour frapper le grand coup. Cette occasion, trois jours après, se présenta d'elle-même.

L'affiche annonçait la *Tour de Nesle*.

Delaître, qui jouait Buridan, se trouva saisi d'une indisposition subite au lever du rideau. Le directeur s'arrachait les cheveux. Il y avait une recette énorme, et l'on allait être obligé de la rendre.

Mélingue était là comme d'habitude.

— Voyez un peu ce diable d'homme, fit d'Épagny, de quel embarras il pourrait vous tirer, mon cher Harel...

— S'il était comédien ! interrompit le

directeur avec un soupir; mais il n'est pas comédien..

— Justement, voilà ce qui vous trompe! s'écria Georges en éclatant de rire.

— Vous dites, ma chère?

— Je dis que monsieur est un artiste distingué, fort applaudi à Rouen, et ailleurs.

— Bah!... saurait-il Buridan?

— C'est mon dernier rôle, dit Mélingue, qui s'approcha, sur un signe de Georges.

— Ah! monsieur, vous me sauvez la vie!... Moëssard, faites une annonce, et dites aux spectateurs que, Delaître étant malade, un artiste de Rouen, qui se trouve

ici par hasard, monsieur..... Monsieur
qui ?..... pardon !

— Mélingue, dit notre héros en s'inclinant.

— A merveille ! le nom est heureux...
Et que M. Mélingue veut bien se charger de le remplacer. Vite., Moëssard,
vite !

Le brave régisseur exécuta l'ordre.

A la fin de la représentation, Harel engageait le protégé de Georges et de d'Épagny. Notre Buridan improvisé avait
presque fait crouler la salle sous les trépignements et les bravos.

Mélingue joua dans les *Américains*,
dans *Charles III, ou l'Inquisition*, dans
Guillaume Colmann, et remplit le rôle

du mauvais ange dans *Don Juan de Marana*. Puis la déconfiture de Harel l'envoya au théâtre de l'Ambigu-Comique, où il devint le comédien ordinaire de Frédéric Soulié.

Nous citerons au nombre de ses créations les plus remarquables Gaetan il Mammone, dans la pièce de ce nom, — Cavalier des *Talismans*, — Poyer des *Étudiants*, — et Villaflor des *Amants de Murcie*.

Vers 1838, Mélingue unit sa destinée à celle d'une aimable et charmante femme, mademoiselle Théodorine, actrice délicieuse, énergiquement applaudie aux Folies-Dramatiques et à la Porte-Saint-Martin.

La Comédie-Française l'engagea plus tard et ne sut point la conserver.

Madame Mélingue, cédant aux injustes persécutions de Rachel, prit sa retraite, et ce beau talent fut perdu pour le théâtre. Mais elle y a laissé des souvenirs qui ne s'effaceront pas.

Elle avait au suprême degré le don des larmes, et la fibre dramatique vibrait chez elle avec une énergie qui faisait le désespoir de mademoiselle Félix.

Bientôt l'Ambigu joua les *Trois Mousquetaires*.

Le jour de la représentation fut un grand jour pour Mélingue. Du rôle de d'Artagnan il sut faire sortir une création splendide, un admirable type de Gascon intrépide, loyal et hâbleur.

Si nous pouvons nous exprimer de la sorte, il réalisa en chair et en os ce diable à quatre, que Dumas seul avait pu concevoir.

Depuis ce jour, on salue Mélingue comme l'égal des plus grands artistes de ce temps-ci, et l'étoile de Frédérick-Lemaître est éclipsée.

Toujours à la piste de nos plus beaux talents, qu'elle cherche à réunir sur sa terre ingrate, la Russie fit proposer aux époux Mélingue, par l'organe du général Guédéonoff, un nombre de roubles fabuleux s'ils voulaient signer un engagement pour Saint-Pétersbourg.

Ces magnifiques propositions éblouirent notre couple. Mélingue rencontra Laferrière et lui demanda conseil.

— Ma foi, répondit celui-ci, vous ferez mieux de rester en France, mon cher.

— Pourquoi donc ?

— Je vais vous le dire. Vous êtes vif, ardent, plein de franchise : eh bien, vous ne resterez pas trois semaines à Pétersbourg sans vous exposer à de méchantes aventures.

— Bah !

— C'est comme j'ai l'honneur de vous l'affirmer. Sur un mot, sur un geste, on vous reconduit à la frontière, par un froid de trente degrés. On ne vous laisse pas même le temps de prendre un manteau.

— Diable ! diable !

— Savez-vous ce que l'empereur Nicolas m'a fait, à moi? S'étant aperçu que je portais moustaches malgré l'ordonnance, il me l'a brutalement empoignée en plein foyer des artistes, en me disant : « Que je vous y reprenne encore! »

— Tête et sang! fit Mélingue, je lui aurais arraché la sienne!

— Vous voyez, mon cher, vous voyez... Le conseil est bon. Restez en France.

D'Artagnan refusa net les offres de Guédéonoff, et passa un traité avec le Théâtre-Historique.

Sur cette nouvelle scène, après avoir très-noblement interprété le personnage de Henri IV, il sut rendre presque possible l'impossible Monte-Cristo.

Qu'il était magnifique en jouant le

Comte Hermann ! et quelles suprêmes ressources il trouva dans son talent lorsqu'il fallut soutenir ce pitoyable drame d'*Urbain Grandier !*

Plus tard, *Catilina* nous le montra sublime de conviction et de haine.

Or tout ceci n'était rien.

Paul Meurice n'avait pas encore écrit cette belle œuvre qui devait détourner un bras du Pactole et le faire couler dans la caisse de Marc Fournier.

Benvenuto Cellini fut l'incarnation suprême de Mélingue.

On crut voir, après trois siècles, le sculpteur florentin sortir vivant de la tombe, et tout Paris courut admirer sa noble et fière contenance. La statuette ébauchée sur la scène en vingt minutes

jetait la salle entière dans un véritable enthousiasme.

Le directeur, trompé par de faux rapports, dit un jour à Mélingue :

— Cher ami, le public ne veut pas
croire au prodige. Des malveillants lui
persuadent qu'il est victime d'une mysti-
fication. Bref, on assure que vous substi-
tuez une statuette préparée d'avance à
l'argile que vous semblez pétrir sous l'œil
des spectateurs. Comment pourrait-on
convaincre les incrédules?

— Rien de plus facile, dit Benvenuto.
Faites venir Porcher.

Le chef de claque arrive.

— Écoutez bien, lui dit Mélingue : ce
soir, quand je modèlerai ma statuette,
vous ferez crier par un de vos hommes :

« Ça n'est pas malin, pardine! la tête et les bras sont faits d'avance! » Alors je hausserai les épaules; je roulerai la glaise dans mes mains. De l'un des bras de la statuette je referai une tête, et de la tête un bras.

— Puisque tel est votre désir, monsieur Mélingue, je le veux bien, dit Porcher. Mais je vous annonce qu'on va casser une côte ou deux à mon solitaire¹. Songez-y donc, le théâtre est plein de gens du métier, de sculpteurs, d'ornemanistes et de ciseleurs. Tous ces gaillards-là sont peu commodes. Ils taperont dur si on vous *débine*.

— C'est juste, dit Marc Fournier. Ne

¹ On nomme ainsi tout claqueur isolé.

compromettons les côtes de personne, et prenez que je n'ai rien dit.

Le talent de Mélingue n'est pas sans défauts. On reproche au célèbre acteur une certaine exagération dans son jeu, et l'on assure que son talent, plein de force et plein d'audace, garde quelque chose du clown.

Or ces défauts mêmes nous plaisent; ils nous semblent autant de qualités admirables dans les scènes qui se trouvent au niveau de cette nature bouillante de verve.

Mélingue est créé pour les rôles héroïques. Le drame, tel que l'a conçu l'école nouvelle, trouve en lui l'interprète le plus fougueux et le plus passionné.

Depuis Frédérick-Lemaître, on n'a pas rencontré d'acteur de cette puissance.

La direction de la Porte-Saint-Martin lui donna un congé pour aller représenter *Benvenuto Cellini* en province, et nous arrivons à l'accident déplorable qui affligea sa carrière dramatique.

Nous parlons de l'incendie du grand théâtre de Bordeaux.

Mélingue y perdit toute sa garde-robe d'acteur, avec une rare collection de costumes, d'armures et de curiosités.

Comédien consciencieux par excellence, il est toujours dans sa loge trois ou quatre heures avant la représentation. Cette loge est un véritable magasin de costumes, un arsenal à son usage personnel, où il s'enferme pour étudier ses effets et méditer longuement ses moyens.

Lorsqu'il donne des représentations en province, il agit de même.

Aussi tout ce qu'il avait emporté à Bordeaux, vêtements scéniques ou objets d'art, se trouvait au théâtre quand éclata l'incendie. Rien ne put être sauvé des flammes.

Il supporta cette perte avec stoïcisme.

— A quand le chemin de fer pour Paris? demanda-t-il à son maître d'hôtel, qui lui annonçait la catastrophe.

— Le convoi part dans une heure, monsieur.

— Bien. Préparez ma note, et faites avancer une voiture.

A son arrivée dans la Gironde, Mélingue avait six malles pleines. Il regagna Paris sans autre bagage que le paletot dont il était vêtu.

Chacun s'intéressait à son malheur.

Napoléon III, assistant avec l'impératrice à une représentation de *Benvenuto*, crut devoir lui donner une marque de sympathie.

Dans un entr'acte il lui expédia son premier chambellan.

— Monsieur, dit ce dignitaire, Leurs Majestés désirent la statuette que vous venez de modeler sur la scène.

— Pardon, répondit Mélingue, c'est impossible. D'abord il ne faut pas la voir de trop près. Ensuite elle est faite sur une armature en bois, et l'argile, en séchant, se romprait avant d'arriver aux Tuileries.

Mais, puisque Leurs Majestés daignent me faire un tel honneur, je vais à l'instant même envoyer chez moi demander une épreuve en plâtre, que je les supplie d'agréer à la place.

— Fort bien, monsieur, répondit le chambellan. Je vais faire part à l'Empereur de vos observations.

Trois quarts d'heure après, la statuette arrivait dans la loge impériale, et Napoléon fit appeler l'artiste afin de le remercier lui-même.

Le lendemain, Mélingue recevait une superbe tabatière en or, avec incrustation de pierres précieuses dessinant le chiffre impérial.

— Vous voyez, monsieur, lui dit le comte Bacciocchi, l'Empereur n'a pas voulu vous faire un cadeau anonyme.

On assure que Mélingue, dont les tendances politiques étaient légèrement rubicondes, a varié de couleur depuis cette époque.

Ses dernières créations au théâtre sont les rôles de *Salvator Rosa* et de l'*Avocat des pauvres*. Dans Salvator on l'a vu, nous ne dirons pas se surpasser, mais s'égaler lui-même par un tour de force aussi prodigieux que celui de la statuette.

Tous les soirs il improvisait un tableau.

Certain gentleman voulut un jour lui acheter cette œuvre, qu'il venait de voir exécuter avec une rapidité inouïe.

— Je vous en donne mille francs, dit-il.

— Non certes, répond l'acteur.

— Deux mille francs !

Pour toute réponse, Mélingue prend un pinceau et barbouille la toile devant l'Anglais obstiné.

Le héros de ce livre habite, depuis tantôt dix ans, un petit cottage situé rue Levert, à Belleville. Dans le jardin, parcelle d'un grand domaine démembré, s'élèvent des arbres gigantesques ; il est assez éloigné de la voie publique pour que nul bruit ne vienne en troubler le calme mystérieux. On se croirait à vingt lieues de Paris.

Mélingue est le propriétaire de cette villa paisible.

L'habitation, meublée avec goût, n'est pas très-spacieuse. Elle suffit néanmoins à toute la famille, composée de l'artiste, de sa femme, de sa belle-mère, de deux grands garçons de seize à dix-huit ans et d'une toute mignonne petite fille blonde de quatre ans, dont le sourire empêche Théodorine de regretter le théâtre et l'enivrement des succès d'autrefois.

En échange de la gloire le ciel lui donne tout le bonheur dont elle est digne.

Madame Mélingue est un peintre de mérite. On montre à Belleville des fleurs et des paysages dus à son pinceau, et que plus d'un artiste signerait avec orgueil.

Comme elle, ses deux fils ont la vocation de la peinture.

Pour tant de peintres il faut de nombreux ateliers. Le maître du logis en a formé quatre avec les remises, écuries et autres dépendances dont le bourgeois son prédécesseur avait flanqué la maison.

Cette ruche laborieuse est constamment en pleine activité de travail.

Mélingue, rentrant chaque soir du théâtre, a le système nerveux trop surexcité pour se livrer à un sommeil immédiat. Il calme sa fièvre en pétrissant la glaise jusqu'à une heure fort avancée de la nuit. Puis il se couche, prend un livre, et ferme les yeux quand le reste de la famille les ouvre pour reprendre la palette ou l'ébauchoir.

Notre comédien se condamne à une solitude presque absolue, à cause des exigences de sa profession, dont il remplit tous les devoirs avec la plus scrupuleuse exactitude.

On perd beaucoup à cette retraite constante, attendu que Mélingue est un charmant causeur.

Il excelle dans le développement des paradoxes les plus intrépides. Ainsi, par exemple, il soutient que, pour réussir au théâtre, il faut avoir un détestable organe.

— Je vous certifie, dit-il, qu'une belle voix et un timbre pur y sont plus funestes qu'avantageux.

Pour appuyer ce raisonnement, il cite les noms de Frédérick, de Régnier, de Bocage, de Samson, de Bouffé, d'Arnal, et soutient sa thèse avec tant de chaleur et de vivacité, qu'on se prend à dire :

— Il n'a parbleu pas tort !

Le salon de Belleville est une sorte de

musée qui mérite une description particulière.

On y retrouve ce magnifique pastel de Giraud qui représente Mélingue sous le costume de Salvator. Chacun de nous a pu le voir dans les salles du Louvre. Le pastel de madame Mélingue, par le même, offre une touche aussi magistrale. Deux amis intimes de la maison, Raffet et l'auteur de la *Posada*, ont terminé la galerie de famille avec le portrait du père Jean, sous l'uniforme de soldat de la République, et celui de ses petits-fils, à l'âge de huit et dix ans. Joignez à cela plusieurs tableaux estimés de l'école française au dix-huitième siècle, deux grandes aquarelles d'Yvon représentant des scènes russes, une aquarelle de Diaz, et, en fait de sculptures; un buste admirable de Théodorine, par Feuchère, puis les œuvres de Mélingue lui-même, savoir : l'*Histrion*, cette belle chose si universellement admirée et qui valut à son auteur la médaille d'or; les statuettes de Corneille et de Molière; celles du grand Frédéric, de François Ier, de Duprez dans *Guillaume Tell*, de Giraud, de Bouffé dans le *Gamin de Paris*, et une foule d'autres, vous aurez une idée de la splendeur du muséum.

Presque toutes les statuettes de Mélingue ont été commandées par Susse.

— Il ne m'a jamais donné d'argent, dit Étienne avec candeur; mais, chaque fois que je vais chez lui, je prends quelque *bibelot,* et je me trouve toujours lui redevoir quelque chose.

Encore trois ans, et Mélingue quittera le théâtre. Il ne fera plus que de la sculpture. Peut-être alors consentira-t-il à travailler pour l'État, dont il refuse obstinément toutes les commandes.

— Je ne suis qu'un amateur, dit-il. Beaucoup de vrais artistes en ont plus besoin que moi.

Ces modestes et nobles paroles complètent l'éloge de l'homme de cœur et de talent que nous avons essayé de crayonner.

FIN.

Giraud de mon cœur

Méry est enchanté, Fournier ravi, tes dessins pour le Pierrot et l'Alcade sont un succès fou.

L'Imagier passe dans 10 jours et c'est ce soir que nous devons nous entendre pour les autres costumes, viens donc à l'heure convenue et sois exact si tu ne veux pas que j'aille tout casser chez toi.

Ton Mélingo t'embrasse à bras et à rebras

Mélingue

Paris, Lith. de V. Janson, rue Dauphine, 18.

www.ingramcontent.com/pod-product-compliance
Lightning Source LLC
LaVergne TN
LVHW050639090426
835512LV00007B/920